```
H  N  R  P  G  Y  F  T  N  F  S  T
I  E  U  V  O  P  A  I  Z  O  P  J
W  Y  G  L  D  C  Z  M  W  H  O  V
P  X  I  G  X  S  V  Z  P  F  V  M
U  O  B  E  E  T  E  W  D  V  V  S
N  L  L  R  A  A  H  N  W  S  W  E
B  D  Z  T  L  S  G  F  Q  S  S  W
X  N  Y  N  D  H  I  P  N  S  P  N
Y  D  M  N  Z  W  W  Q  B  V  Z  T
M  L  A  P  S  E  X  C  M  R  J  C
```

BEE

CAT

DOG

LION

MOON

PALM

R G F M S R P H E F D S
G Q Q K R D E F D E E J
R E H T A F I H L P R X
H S L B Z L Q I T B I K
P P O V W P G R L O F I
O D K R D H K Q C W M P
D Q H R T I E M X Q O V
Q J U C E Y R Q Z H R Z
E H Y L G Z Q I F O O D
W K O C I F Y V T E N D

DELIGHT
FATHER
FIRE
FOOD
LIFE
MOTHER

P X Q X S D M L U I Q V
L C C P M G R F C N U U
A U A B X K Z O Y U M A
N C E S R O H K W S E V
E X B K H K S I N S D J
T F X J P X Z W K Y P Z
H M S Z R W H Y T Y M R
Z W V L O W C Z Z T E W
I Y A D J S H Z D N T C
Q W J Q Z C I E M R M E

HORSE
PLANET
SKY
SPACE
SUN
SWORD

S U F E G D T P R V V J
O R U E U S A F E R F B
Q L O C B I L S P L O M
B K I L N J E K A F G C
X F E T O R L C P E S J
L Y I H H C B J U U Q K
H N N Y J D J U G O L D
G R E T N I A P C P B M
V G Y S X A W I Z Z P R
M Z G Y E W D X Y V P W

BLUE
COLORS
GOLD
PAINTER
PAINTING
PAPER

N E N N U W S Z Z H N E
X Q Z V H V Q T H O W S
H Y Q D W H S C I T W U
U T M K J Y H W P U H O
H C H I G I U K R W R M
C O L D O Z L M G K J F
L B K P L I B L R I Y Q
N W D C M N A M T R J
M S B U P U Y Z O J C L
J I L X V I M T V F P U

COLD

FRUITS

GIRL

HOT

MILK

MOUSE

B T G G P U F E P F E X
J S V R R N C I M T M E
B L A C K E N W I R A G
L P D B G K E H T G G N
M W B M U C W N N J F A
B D R L L G G E Y U X R
R H O K E R A E E A N O
M B W C J F P S U C S I
M Q N I C R W O R E R E
Z F E C E Y L K D M M K

BLACK
BROWN
GREEN
ORANGE
PINK
WHITE

F X T H E A D H R P E J
M W P E Y T O Y A M C U
Z Q E E L N F Q C I E E
K G R N Y O U F E P R D
J G E O Q T I O U E Y V
S B N K B T P V G H M K
Z F V J K H T L N Y S U
E L P R U P U Q O N T Y
O Y D Z Y P F D T Q E V
O V J X G B C A L G Q D

GREY

HAIR

HEAD

PURPLE

TONGUE

VIOLET

```
V O U S K K O J N R F L
N O H R E N B U E W E P
Q D C E O B E G Y G O U
S I T D K L N E L B O W
E R H L F I C P H F C T
A L E U F K L Q S O C Q
R J E O Z F D L L E G E
F I Z H W V P X B R U I
C Y D S B W Z K I Z W E
A H G I Y K K W W O O U
```

EAR

ELBOW

FINGER

KNEE

LEG

SHOULDERS

```
S E V O L G T G O E S B
B W R K X C A P N D L E
X V B B X V O B I O E K
D G K N M U C K U X E K
R L K B R O E S E K Y C
F D I R T B E J X H V C
Y T B H Y Y L F X Z X I
E L V Z C K O G L Y H F
H P I L V L M J K Z E J
I R J K J G R R P Z M O
```

BLOUSE

CAP

CHILD

COAT

GLOVES

KIDS

O U H C D Y G L H J B C
J I C K A V H A N E M P
B H E O S K P B J B B S
Y A F G U P H F U C N C
L V L N Y S Z C N A O O
J M S M Q T I Q C Q Y R
L K F P L C S N L D U X
D E R I T A K U E R X O
A G M F H V C A B O W K
R T I C P D A Z I A I E

CALM
COUSIN
HAPPY
SAD
TIRED
UNCLE

H P Y D J B B B Z U H Y
O Q A I R B C Y K M R C
N B E A U F Q L Y H R T
E L V I A M D Z E E B V
S E D N X Q O S B V J L
T J Y J Q X F Q A X E H
G N L N U U D W O J F R
A D V E N T U R O U S R
Y Z A R C U J J A E I N
X U E F H J F J Y I X C

ADVENTUROUS

BRAVE

CLEVER

CRAZY

FUNNY

HONEST

J R S S N G U L P E T A
S V Z E F T A L O X V W
E X C D N G H N L S H D
I I K E E S G N I I H P
Y Z A L D T I V T E Y B
J Q Y S N U X T E U K H
C Q H S Z S R B I K Z V
F P S G O T C Y I V J C
A H Z H M Y G N D F E M
V A W R B H D R Q E J I

KIND

LAZY

POLITE

RUDE

SENSITIVE

SHY

A I N T E L L I G E N T
Z C A F F F S D Z A R A
L B C A L T G S A O O L
Z Z Y O U R C T V D J E
N Z S P U D O D O N Y N
Z M I Q D N D T H B X T
A D I B S H T M C Q Y E
X W E U J R J A K A I D
T M F N U X Q Q N J N Z
Y S Y D O O M C O T N F

ACCOUNTANT
ACTOR
INTELLIGENT
MOODY
STUPID
TALENTED

B E Z D P N V B Q T C F
P U N K S A D Y S C H T
S L T E D E S I G N E R
G E H C N E M A D E M N
W A L T H O Y C B N I T
D Z I R N E N J T D S F
J S U O G G R D B D T A
T X C Y H M X S R I Q C
A E Y C B H A P W L E L
R E B R A B L M Z I Y S

BARBER
BUTCHER
CHEMIST
DENTIST
DESIGNER
ECONOMIST

Y M T I O J E Z E F X E
M W P O G S E V N U J N
C M S I K J Z G F R R G
Y X D A W L B I Z D H I
I L L U S T R A T O R N
R O T I D E R E D C M E
J O O E M G F K Y D L E
P U L A G D F B S W T R
F Y N P S U T K H K A N
N U P Y L J P T F Z J L

EDITOR

ENGINEER

FIREMAN

ILLUSTRATOR

JUDGE

LAWYER

M T T X C E X P V D W Q
K E S R U N G A Z Z P O
X O R E O G L I Y I Z G
R P R C I E H N D O X W
G S A A H J T T E F F T
T D L I E A P E G Q A N
E O B X Z K N R T I Q X
C L L X E F P T L A L X
K L C I M A S O F N E S
D J C S P R R D T F I Z

MERCHANT
NURSE
PAINTER
PILOT
POET
TAILOR

M U L T S N Q F P G T J
K U C I P R O D U C E R
S I S X X D Y V K O A O
G Q T I R A L Q R H C I
U A A I C Y T N A N H Z
C V V B Z I R O R Z E I
X E V A Z Z A Y B T R B
R M D Q F A U N D N U P
O R E T I R W Z K D G M
R C A D A U I P R N Z E

DRIVER
MUSICIAN
PRODUCER
TAXI
TEACHER
WRITER

K B F Z E S E U I E A S
A S C G E S A D B K U P
G Z G W E W T L O D F I
N S D E C I R A M W S C
J K H G A R L I C O W E
N C N D E N F J U V N S
A C K W S X V H L X H Z
P C G P F W F E L S F W
R H U H D T G W U A C J
H W U W L T N X S A R V

CHEESE
EGGS
GARLIC
RICE
SALMON
SPICES

X Y S D L U Z I J X M E
E C I L O P N Q M R C J
D L Y M I M F X T A S N
T O D I R I Z U F N K N
J W E E V A R J G K X Y
F P K X L K G Q E Y H R
U G I V E P C U E F I W
J L T Y O R M S S S O G
O W U Q S A D M O S I X
O J L S N U S S N M G N

FACE

NOSE

POLICE

SIX

SUGAR

TURKEY

V L C E P H R O J T J V
T H Y P R R M L F S R C
Y S I G O W S G T I A Q
P C I T G A V Q T R D N
O Z C N R P W N P O N C
M O W I A J N E H L J Q
D A I D M T N A A F W Y
K P D G M T O C O O K I
Q V C I E C J B D M J U
M A D R R J F O G Y Y G

BOTANIST
CARPENTER
COOK
DOCTOR
FLORIST
PROGRAMMER

E B I R D N R K O C A L
M S R B K W P I Q Y O G
X K U H O O N D U O M O
T Y P A T O X C I R N E
Y E E S C S K N X T A Y
A A E N F E R Z E B E E
T B L Q G B B B N T L Q
P L B N V V T Z K E C R
U S I M C M X E M Z N I
F Q G L H U C T I S D I

BECAUSE

BEST

BIG

BIRD

BOOK

CLEAN

I I N E Q C D T D T H I
D O O R A E U C U B O A
Y V V X O S J E C H Q I
K F R W A F Y R K Q M M
W P U K G E A R C Z A Z
E A G O K X X O V E H E
Y B L J U O W C R C G V
Q O A I A Z H D F N G M
B A C J J O O Y A Y P J
D J Z N D J J J T B U Y

CORRECT

COW

DOOR

DREAM

DUCK

EASY

E B L I L W X S F H A F
L X I F I G U M Z I L B
M U A T D H L S Z S C G
U D G M Y N T Q E T R A
K G F O P W B V M O T L
E X C E L L E N T R B L
H G I H K R E D M Y Z J
M Q G Y Y O F L A A S T
T C B N I Y J A L M A M
V D Y G N M Y Q L P B X

EVERY

EXAMPLE

EXCELLENT

HIGH

HISTORY

JOKE

Z I F L D F W J W Y T G

F I U P A B O X E O U C

U C J O I M L J L C M Q

K Q Y G U B P C O M Z A

E L A M C E M I N A B X

Z N U N D L X P G O H I

P X N Y X Q J M L A R R

A H D P H H V W N V V M

J O E R M L B R A K B L

G Z N K D E Y O C L N K

LAMP

LAW

LONG

LOW

LUCK

MALE

A B J M K V U E H I V N
K R J M E Q T M D M V E
R Y Q Z S T O T M U O V
K D D W T R A W Q F C E
E K F P E K T L E H Z R
H C U M M C T P D N Y E
M C M L I B G G W R A O
L Q C T X K S L N W T G
L J T Z F A Z D S D Z G
C B I C D E K T X E U U

METAL

MORE

MUCH

NEVER

NEW

L I Q N I P E N E D B B
B W D G Q B O C Y B W N
H B X H J T T Y I G P Y
Z W Y P E C U L U N L R
X A B B C Z A N P A V X
D G O W V J T O Z W M B
J O V G V Z O O P X E J
K W Z E P F O L D T X U
W I F B X B N W O K Y G
V I L A M R O N C A X F

NICE
NORMAL
NOTE
NOTEBOOK
OLD
ONLY

P A W Y L L P V B S O Q
A R B D A E N L M K N C
R S G W N G R H A O R O
T X M K I O R D S C Y V
I W U H G G L R K V E W
G Z C C I P E P A P E R
K Y S S R P J K K L Y S
T Y E Y O M T D H D Y A
I Z T T U W J M L T S S
B E A L A B F P V Y O T

ORIGINAL
PAPER
PART
PERSON
PLACE

C M F Y T I P I Y F F N
Z A T F H O F L Z W K A
O J F S I O B P L E Y I
S U Z N F I J O J M K U
H E Z I S E K O B Y D K
Q X K S L R H R T K Z F
K K O Z F P O M G K K I
I P Q U I C K U T F V K
A W M T K E B I N D N Y
A L T Z A A N H I D R B

POOR
POSSIBLY
QUICK
ROCK
ROUND

T R O H S G D E L E B Z
T K E L D A Z G Y Q V E
E F Q H S M U P S Q F X
G P P B G T Y E U T F Y
Y A N B Y W F M L U A I
K K I M K O P M D U B Q
L F J T K L O S Q D R N
N G L H P S B X M J D B
G Q W M K G V I Y R T F
Q W X D B H Q S I R T U

RULE

SAD

SHORT

SIR

SLOW

L N W X R L S S R C N C
L A O R Q O D B C I U E
A C O R M T N E D U T S
M S Q E T X O T L M E B
S F O H S U I L Z H C
K N L B V P A Y I W I D
E Q J U D Y V I X W W E
M S Q B T M R G M N D M
M X B M E W F G L L S J

SMALL

SOMEONE

SORRY

STRONG

STUDENT

N H U U S P N Y O J T L
Q A Q Z F C E N Q R A A
I L L A T I I P R I P I R
H H T C E F Z A H E S U
J T H S F P N E U S D A
M S Q X M G A R F V S G
O E R J L S T T I K L W
U T I E C D K L D A H P
H Z L J V Z P N M U B T
J V C J K E C S W U P G

TALL
TAPE
TEST
TRIANGLE
TRUE

V E U L G S S P U F Z V
D L L V F E C I O V U J
N A T N H Q V D K X K J
W V H T L U H D Y E D W
Y Z C X A H H M R D X S
N L H S R S X N E O H Q
J B G Y O F D F V L Q T
U N B U P H J Y A C X L
W A R J U Z F M I V N N
Z C L V C X Q I L J A B

UGLY

VERY

VOICE

WALL

WAR

D V B G B C E F P G V L
O M Q K Q N U L A A F Q
I S R K Z I A R A O F N
F X A W I T H M Q I Z M
L E O M L M S H O O S X
W P T I H G K Q P W R B
W O D N I W Y E U E U Y
S D V H Z N J T J D O I
Q O I S V K V M C F Y Z
O N E N U K B L H D F D

WEAK

WINDOW

WITH

WOMAN

YOURS

```
G K F R K V K F A F D A
C L T R F N O R W H N B
Y C A S L E E P U E O X
S H Q J I K R W X D M X
S T Z Q H S Z W S G A T
M O A S R D T H B D I K
C X E T W B X A O U D L
W R O C E D L T X H Z S
Y A Q Q R N H O R J I Y
D L C S W M P R Y O O J
```

DIAMOND

SHARK

SLEEP

STATE

WHAT

A K T Q T R W P A S N P
C M D F B T Q B S K B W
F O F O E M O S N A V B
P J U F W A I R Z V T A
P H W L M K T E R T R L
Z L S O D E E U M J K F
H J R J V N T Z O R Y X
N E F X G B J S K X B D
T I R C B J A S J B E Q
K S G N U R I T X B Z N

COULD
MAKE
MORE
OUT
SOME

B T F V Z V S E S U T J
J V I X Y E V T V Y X L
J T T D E Y K J Q V U H
V A P P T C A C D M O L
K K Y Z G D H R P E D J
Y E E E O L X S V A F G
B Z Q Z A A Z J T Z T X
L R F C M R R Y U E W P
N M U F S W X C G X G E
F O G P W C P V V R R J

GET

SEE

TAKE

USE

YEAR

F W D E L Y L D L L G B
I O Z I G Q V E M Y Y Y
R N K F N Y R R J N Y Z
S E V O L E G T F W X A
T Q B F T P H S T B K H
D T F S S P D T T I W Y
O L E N T I H Y K W P R
M C O Y N Q K P L Q F V
U R G Q Z K H C D R O D
T X R L B Q Y S G G V D

FIRST

LIKE

LOVE

NOW

THEN

V D A K T R S T J J F C
H Q S H Y X N S T X I T
V R I O V H O O O K U Q
C N E V X L I M L I R M
K R O V H Y P H V M S W
R F Y E O Y E E M H Q R
V F K X L L Q U Q S L T
T Q H O I Y H A W Y Y U
E V I G B H G J A C F R
W P B L W W Q M S H F X

GIVE

MAY

MOST

OVER

THINK

G R B K Y Z E G A Z E R
Z W F U B F I B F P V A
O P T E Z U V P T C P A
F U V K I Y J K E Q U Y
C E D N I F N K R H H T
N N U R K Q O A D O S B
T A U M Q A W F M Y W J
C B A Z G Y M Q N A S O
B H M H D N T C K W A F
V Y J R I E R A U J V W

AFTER

EVEN

FIND

MANY

WAY

M S W T B F V T M A J H
S X H A E G M O Q H B W
R J E P F T A E R G R M
Z A B L O D B S K W L V
U I F G R Q H V W O Z N
D M Z K E O V O Q D O Z
D L X K U F V E Y T C L
Y L D L Z C W T E M D A
J E D L D T N G A Z C X
E W R T U E V E E O Q J

BEFORE
GREAT
LOOK
SHOULD
WELL

B Y L Y K B C I J F S W
B F H R Z L U U T K N X
Y N N M N S S R Q G E M
D Y W M K T H C A E N D
O I O Y T V D W B C E P
W W B I I J W L L Q O X
N P J Y I V N F E P Y S
H O R U O R C O I E H H
W W P F B Z J S K R F G
D Z N H W U I K E B H Q

DOWN

EACH

FEEL

JUST

OWN

```
D M J H S X J R U L X U
H S E W T E C A L P C G
P Z L E N J G D Y T H M
V P J X S X T H G O O Q
F B H D U H X M I I D D
Q W P S G W D M G I Y E
C I H Y O L P E K M R S
T P G H X J Y Y M Y N M
B V I T O O L I Y I T D
P K H R A H N Z M D S O
```

HIGH

HOW

PLACE

SEEM

TOO

U Y N A S M V A E D M I
H H O G J A O M G B D Y
C W I F O Z O J N J S M
E J T I M C H A N D H Z
R L A I E B U M J T O O
T Q N B N O T Q I C W L
V E E P B W R N H K K K
O D L X B L B S A P Y C
Y W F L M U O S O V Y J
L Z G H E O R W H C Q N

BECOME

HAND

NATION

SHOW

TELL

B Y W Y V R A T U Z O X
F O F Q V N J F G B U H
B Q T C D H U H W K R C
H V R H S Z P C O N P O
A O M N M R L M E N S T
L A S E D D K E J E Z P
M A A Q V I W D L E H N
Y N E Z G T O B K D C E
B Z R Q E H V H O U S E
X D Q B L D H V B X K P

BETWEEN

BOTH

HOUSE

MEAN

NEED

```
P A G E K C D C R J Q N
M W V M C E R A E W H S
X O R C V T O K W O N A
M C U E B U H U D J D G
R G L L S D K G I B L E
E O R E D N U S I E L N
P G H G W S O P P R A N
P P Y Y I U L K E M C O
R V K N B C N N B I M B
E U X S Z P C T M O Z O
```

CALL

DEVELOP

MOVE

RIGHT

UNDER

D D P K G U N G W S D G
D Q O P E P N I D L K E
K T Z W K E A T G Q W N
E P F L H N Z O G E K E
M G X S O R E V E N B R
A T G T D A J F F X O A
S I H Y V L T R S B P L
I E J H N X U S C W K X
R Z B I T V V M F X G I
J L V I N X E I O R F K

ANOTHER

BEGIN

GENERAL

NEVER

SAME

Z T D U I M B R S C W P

K F M D R U U K T H G L

P Y Z M B I N B X E F Y

U Z Q J Q G U G F J V W

V H S H Q W M N X Z K U

I O M E H I B J R W T O

T Q C I B B E S A U U L

O K L T T P R Q B C T A

A E B V R T A Y O Q X E

B F S E V A E L Q C P R

LEAVE

NUMBER

REAL

TURN

WHILE

G	F	Y	I	P	J	S	W	J	C	T	C
M	I	G	H	T	O	A	P	O	H	U	L
F	F	O	H	M	N	I	I	L	I	B	I
M	A	H	C	T	D	J	N	T	L	M	D
H	I	T	I	Y	Z	H	K	T	D	S	S
C	H	O	C	O	M	I	U	Q	B	O	O
B	L	J	L	C	X	Q	W	D	W	P	R
A	V	K	R	D	G	B	B	E	Z	U	O
V	O	I	G	B	F	R	J	E	S	D	M
N	Q	K	W	L	A	Y	C	D	A	A	B

CHILD

MIGHT

OFF

POINT

WANT

O Z A F P M A V I Z K E
E E X J J G T B R K U R
W C W J A L L A M S W C
F A N I Q M R A V R E A
O O N I L G V K H X F E
K S D I S I S O U B F B
T A O O U A W B Z X R G
W F Z A R P U Z B A B Q
S M Q G E L A T A G V X
E D E V Q G P R H X V N

AGAINST

ASK

FEW

SINCE

SMALL

```
W R D P J K N V S S T E
R P U L E Q F W I I L M
K T D O E G N Q N D A O
K N O W N D X T E G J H
E V H Z U Y E D H T L P
U W L H O R D B Q N A P
Y K B P E J Z Y H F T L
S V K S E G R A L E Z U
L P T K X L T M A F J C
G R V S O J J M G N K Z
```

END

HOME

INTEREST

LARGE

LATE

C O P E N G T K G M W A
K I C Z N B H L W T P T
V Q L I X A N H X N Z H
E I R B V H X D T S H I
K U G N U J H W W Z G C
D C M M G P H O C B O Q
T N E S E R P L W V G S
B A L B O E J L K K D H
M U K O X E R O T K Q U
I H N R F E K F S B V E

DURING
FOLLOW
OPEN
PRESENT
PUBLIC

D A S K W G D D T K T C
G U J E O L L G X A W B
N J A V L K O P P F I B
Y I E Y D M H N D H T C
M R A U T Q K S H N H O
N I O G Q Q T I N W O V
B K Z O A Y V V T P U N
A U U D X A R V T X T Z
O G U R X C R Q D D P C
D N U O R A L J S M K O

AGAIN

AROUND

GOVERN

HOLD

WITHOUT

B D T D U Q N K F Z R O
D E R L D D Z I J W Q X
S H J O K Z Y Y L C J T
D R U I W F O P F Z N V
A Z P T Y J R D C G R V
P G H K V O Y N C A Z R
Z N Y K G R E D R O N C
H R N R G N A Q P T A W
M Y A F H H V D Y G L L
T M U S B D F B N O P Z

ORDER

PLAN

PROGRAM

SET

WORD

O H E W R N T H J W B P
D M W J T C C R B Q K E
W N T A A J W K U J K E
V N A F A U Y P Z N V K
K T J T K P M E X N U F
H G G F S O U P J L E Q
P L A Y C E T A V Q V S
H V L J C N M E E B Z W
X M R Y K C X G S X R Q
R Q W E X U A D Y C A T

FACT

KEEP

PLAY

RUN

STAND

E X G S R Z O O C W Q P
N G A B P U T K D D D A
V P N L O Y C Z Y H P H
Y S E A E S R U O C I G
Z H C V H Y G H O B L K
H W E C D C Y Z E F M A
G U J N D C L D N O Z D
R Y S W H X R O I H I G
L K O E F T A T B L P R
W H K R A S E L I N E Y

CHANGE

COURSE

EARLY

HELP

LINE

C X C O B G H L O V Q F
S X Y A L R D H J A B V
M E E T E P K U I Z Y I
E S I X X U P X U E K Z
L S G G D C G U T C M B
Q R O N M U I Q T R G M
N K J L H Z N L V O E E
Y O O X C D D U S F S Q
G T B Z F E E R F A Y T
Q N Z G P M O D C E I T

CASE

CLOSE

FORCE

MEET

PUT

```
G I A Q D O T O S P G V
A N A L E O N C E W W C
C C I M L Z R O T Q A I
D U K Y P Z Q E Q J R R
B I Q F P U F Q T O U E
W Q P X A N P G N A D P
Y W G Z B Y A W V K W O
X Z M C G N G N V G X K
Y X J X W B I D C Y G U
I W T X I I K Z H B L H
```

APPLE

BUILD

ONCE

WAR

WATER

```
I N U W B E P Y S C B F
H L M R V B R A E H U Z
E M I E I H R Y H P M S
V V R G O D K B K E O A
Q Y I Q H C R S G Y J M
W Q Z L O T Z Q C Y T U
O T D D S S G E A D K N
R Y G N E B I H A J B I
G T I Z L T V F X E M T
P S A J X F O S G M A E
```

EVERY

HEAR

LIGHT

LIVE

UNITE

B Y E O K M A A M C C Z
B V W H J J A Y H E Y H
O M L R I E T C N R S G
B M X Y O K M T T V I F
E P V L T N E A L R B U
J V S P W R Z X N N Z G
L A T D C E D I S I I K
S F E O L V K W L M W F
H L L V D G L G U S B U
I B O W J B F F A K N I

CENTER

LET

NAME

SIDE

TRY

N G O F R P R Q O R W P
X I O F T H U H R E W W
Y O A Y R E C Q T W N K
E W A T S E D I V O R P
L P K T R G U J V P W S
P D I W B E U G Y V Q J
S O F L H E C K L V G R
N R L S Q Y H J A B M K
G L J C S V G O Z G O B
K K W G B C G X P Z H W

CERTAIN

PAY

POWER

PROVIDE

QUESTION

L S K Q W E C I V R E S

R L H X M O G H T T A D

A E A L N D S T C F M B

M G B W J E Y N F F K Y

X I S M J X A Z D I T O

H K A J E B W Q Z U Y F

E K M N I M L U F A R A

A R S V K O A K W A X S

W A J L R V I A O R D R

Y M F K H H I M Z H G K

ALWAYS

AWAY

FAR

MEMBER

SERVICE

R O O M E K E L A T N Y
U D V H E R I X S R J C
G D C E H O U S Z A A R
W L W B D O C T E T Z T
R I I U Q I P F A S X Y
T W Y N A P M O C N R U
B Y T U Q T Y W U G S W
E H G N M S P D C W C V
M N E V D S D J M E O C
O Q Q U Z U V G O G Z K

COMPANY

NATURE

ROOM

START

WEEK

M D R X M B Y J T L U T
F Q Q Y P S F O G B P V
R E G E G G R A U E J J
A B E P Y I Z N L N U K
B Y I R B N B Q H E G H
E L E U H P B N Z I L O
D A U Z Q D P T G S E N
D W H U F K A O Z H S J
W I N U M C T Y U D S Z
T S O C I Q Y R E O C Y

BIG

COST

LESS

READ

YOUNG

H U K R E Q F O G M S I
D P K Q G I A H U O F J
X P J J T T M E M X B Z
T D C J W G I T C A P M
A R P G Q E L J N L G D
S R A H Z Q Y T S W L C
V J P N R Y L J K K U K
J R E V A X D P Q A O J
D X F C C Q B S F R B S
T K X I C B V D G A U X

ACT

ART

CAR

FAMILY

NEXT

M N U P N U Z R J E P J
Y A S H Q S G Q K C W C
E L T W B U P K P O J K
U I D T O A C C P B N P
D O Y F E L T Q J V N I
R Z T T R R W C V O A H
O E Q D D F J W A L V G
N F N C C O S B T U A I
O U F L J G G J L A N B
C I Y X R N S R F S J M

GOD

LAW

MATTER

OFTEN

USUAL

P J S K C H T E N O L S
N B N R G R U O Q W B F
F P O O V J I M O V A Z
I Z S I E T T S A H S B
H H A D C U H B T N K G
V L E A Q E P V F S G N
X F R Z W N T P O V M E
L A T A C U V D O C A M
L Q G R I U W X T S P P
A M O N G L B A J F W I

ACTION

AMONG

FOOT

HUMAN

REASON

C R F X F E A V L I U W
G M V K D F A E G R V Y
A S R R E F Y N D A Y C
O K I L Y E G Z E I S L
J V G V S C F Q R C X H
E Z W C S T S Y L G X U
A I F K A S V T S E B P
C O V Y P D K Q T C J J
B C Z W L H N C O W J I
S X X C U Y K Z H K L V

BEST
DRIVE
EFFECT
IDEA
PASS

K N L Q Q S R D A N F J

K L J Y R H U W L Q D M

G H A D B J O W A T I F

O N Z W J L H B M Z W D

U Q N Q D S F L P D X D

Y M I X T A R D U M M R

H Y R T L P S O A F S H

Y M F L K L A T B P O A

V C S P A C T A N J P R

H C K L S Z R D L T S B

FALL

HOUR

LOW

TALK

WALK

F U L L E T M X U C A V
V Y Y T W O O B Z D G W
V R A M T W X A V U V M
Y R U B Z G F A Q E X S
M R E V P T E E R T S H
N P R Z F T H A X N J S
E H C A T N F Q M T Q C
P E S Y C F F O K T W A
Y G B Q R M V D E K B W
T E B H O U E J Q G C U

CARRY

FULL

RATE

STREET

TYPE

X Q S T E L C E P L C H
J J B O O I N E T K F V
D N G C N I A R T T S A
M E A B Z U O F W K F P
C L R D F T F V O I Z J
P H B U I G P Q F M H S
R E C S S W V K Q V Q H
K N Q F Z Z C P B O H M
C I H V F V T T V B B B
H O V E H B I B M X Q U

FREE
LOCAL
SIT
SURE
TRAIN

X C H B P R D B C U N E
D D A D I O F X L Q M R
K F O G P R S X V S T F
D N F M I O R I U W E Z
X V A E E T O I T L M L
O A N V D Z F U Z I I U
J D T L N Q F X A U O H
T Z M T Z X I E J D Q N
T Q Q K U W C I I D J D
E B S F D H E A G L H A

ADD

FRIEND

OFFICE

POSITION

TAX

S L N P T H U S F Z J X
C L E S A L Z M H N S N
I W A P L L R A D U G W
E P P Y T R A P N U R J
N E Y B W H E F A B A H
N A R H M R S B L A Y Q
I M A G L D P E N J N Q
Q X O D A U V B A H E W
I G P T J G O F G D P K
A D Y M S K H D X O Y H

AGREE

HAPPEN

LAND

PARTY

PAST

H D R T H P P Z F B P K
V C I Z B Z O C Q L Q L
T A V R X E T Y E G A M
W B E S C R S R W E B H
X A B A P I V T N Q G B
K G T J N Q K D C L R M
E C I O V V A V Q Z G N
P D F D X J S U P U G C
F P J K R K M L M K O P
J W U D K J Z T B T U P

BREAK

HALF

STOP

VOICE

WAIT

```
Z J E S C D N I W R L M
D B D D O V N J L I V C
L Q G C V U U E M A L V
E F W U E W N I S Y V H
E Q C P R D T I N W V Z
J E M M Z J H I X N J N
E G Q R B T Z L R K S D
D Q I P Z T L J Q G Y C
F M L E F I W D T H C K
K Y K S B Q N W E V S N
```

AIR

COVER

LIMIT

SEND

WIFE

E G C W G M T S S O X O
A S P F I D S F G P Y Z
Q O I N J B E A T M J C
S R U R S K R U N F G Q
D T D E W P F S E F K L
E D Z J D X P U B S N H
Z T D L X K M W G L B A
N Z W R S C S D P Z W L
P N W W M U N L A T O T
Q Y Z J E Q N C Z G N O

AGO

MINUTE

REST

RISE

TOTAL

X Q S M R K E I G E R R
T H T E P B G O L G C Q
V G F S H V R T X R Y B
K F B I J F A T H T Q C
O Q D M K D H R M J V F
D V A W J X C H V C V O
E X R H E U X X Z U A K
E L K M W S L Y I L K G
G P U X B X T U C X I T
U J M U J P L A N T X K

CHARGE

DARK

OFFER

PLANT

WEST

```
W B C E S E C E G A Q W
T Q R J S K O L F X E Q
E C N A D A O U D E O S
J Q Z L T G E R B M Y V
D H U P W A L C Y R R Y
L K X F D L H T A N T V
D N P Z A W A I M E F O
D U L W Q X Z X L W P Z
G O O H S K Q M Z F M K
F I R M D E N K T W J U
```

DANCE

FIRM

PEACE

RULE

WALL

P R D H X P Y R O L G F
T A L F U X Z P O V M L
J S R Z D P L E H P Q E
X N Z T O C Y W C B I S
I L F T N X S J K N U
E S U J Q Q D H J D S K
M I N Y H Y U E R W Z W
C J U X U A R Z O H M S
D J F C N U H Y D Z X R
G N R Q Z W M D A I Q G

GLORY

PUZZLE

SELF

TOP

TRAP

Z N E I J C W I C P C C

M H Z D J V M U S O W Y

A Y I C I A T O W E R B

P I R B E M U S M S W N

K U P T U T Q P A I I N

O Z S Y K Z S U R C Z L

X C A J X U H C R E K C

V K W N I S S U G V P N

C O B T Z M X L J G E D

Z S B W Y Q D L C L W X

CORN

MAP

PRIZE

STEAM

TOWER

```
K I E E L Y P Q G W Q R
D T U G N K U M E X Y Z
T E K H P Z M D R D V W
I B S Q X O P T N S I V
P Y P O A U I S F H T Z
F E A T H E R S Z F Z R
K R O F K Z C E O O H Q
C T L J R Z R C P N N Z
P U K I W O F M H R E Y
F M J S Z D O R V P J X
```

FEATHER

FORK

POISON

PUMP

ZERO